Urlaubseindrücke in Europa

eine Sachgeschichte mit bunten Illustrationen

Sabine Jones

1 Deutschland
2 Dänemark
3 Norwegen
4 Schweden
5 Finnland
6 Königsberg
7 Polen
8 Tschechien
9 Österreich
10 Slowakei
11 Ungarn
12 Italien
13 Schweiz
14 Griechenland
Kanarische Inseln
15 Zypern
16 Frankreich
17 Spanien
18 Malta
19 Portugal
20 Irland
21 Schottland
22 Wales
23 England
24 Niederlande
25 Luxemburg
26 Belgien
27 Lichtenstein
28 Vatikanstadt
29 Island
12a Sizilien
14a Kreta
14b Korfu
17a Mallorca
17b Gran Canaria

Einleitung

Die Sachgeschichten *Urlaubseindrücke in Europa* handeln von Hauptstädten oder Sehenswürdigkeiten Europas. Ziel ist es, dem Leser die Reiseziele und Urlaubseindrücke, sowie Europas Tierwelt näher zu bringen.

Diese Sachgeschichten sind von *Sabine Jones* nacherzählt, umgestaltet und auch illustriert.

Berlin, im Frühjahr 2025

In meiner Kindheit fuhren wir oft ins Ostallgäu, um Urlaub zu machen.

Erklärung zur Sehenswürdigkeit/ Stadt

Das Wahrzeichen ist hier das **Schloss Neuschwanstein**, erbaut durch König Ludwig II.; als Vorbild dienten mittelalterliche Ritterburgen.

Tierwelt

Am auffälligsten sind im Ostallgäu die Gemsen und Steinböcke, aber auch die Greifvögel, die majestätisch über die Alpen fliegen, so wie der Steinadler. Auf den Gebirgswanderungen sieht man mit viel Glück auch schon mal ein Murmeltier.

In den Jahren 1986 und 1988 fuhren meine Familie und ich nach Norwegen,

später, 1998, mein Bruder, mein Freund und ich vom Nordkap über Norwegen zurück Richtung Deutschland.

Erklärung zur Sehenswürdigkeit/ Stadt

Der **Geirangerfjord** bei Bergen in Norwegen ist mit seinen Wasserfällen und Bergen, Gletschern und tief eingeschnittenem Fjord eine Touristenattraktion und besonders sehenswert.

Tierwelt

Norwegen ist typisch für seine Rentiere, Elche und Polarfüchse.

Im Jahr 1987 und 1990 reisten wir mit der Familie nach Irland. 1992 fuhr ich ein weiteres Mal mit meinem Freund im Hausboot über den Shannon, und um zugleich im Anschluss meine Familie dort zu besuchen, die da gerade ein Ferienhaus in Connemara angemietet hatte.

Erklärung zur Sehenswürdigkeit/ Stadt

Die **Cliffs of Moher** bilden eine bekannte Steilküste. Sie liegen an der Westküste der irischen Hauptinsel am Atlantik und sind 155m hoch.

Tierwelt

 Die Cliffs of Moher beherbergen die größte Papageienkolonie auf dem Festland. Schafe weiden an den Klippen. Riesenhaie und Delfine tummeln sich vor der Küste.

Kurz nach der Wende in Tschechien, am 1.07.1990, reisten wir mit der Familie nach Prag. 2017 fuhr ich dann mit meinem Sohn kurz nach Tschechien, um ihm das Land näher zu bringen. Da ich zuvor versehentlich die Maut nicht bezahlt hatte, wurde ich auf der Autobahn heraus gewunken und musste Strafe zahlen.

<u>Erklärung zur Sehenswürdigkeit/ Stadt</u>

Prag ist mehr als 1100 Jahre alt und hat 1.250.000 Einwohner. **Die Prager Burg** ist die ehemalige Residenz der Könige von Böhmen und die größte geschlossene Burganlage der Welt. Sie ist Sitz des Präsidenten von Tschechien. Inmitten der Prager Burg befindet sich der Veitsdom.

<u>Tierwelt</u>

Eulen und Wildgänse fliegen über der Prager Burg, an der Karlsbrücke in der Moldau schwimmen Höckerschwäne und Coypus, auch unter Biberratten bekannt.

Zum 18. Geburtstag bekam ich von meinem Freund, eine Reise nach Paris und einen Besuch im Freizeitpark Euro Disney geschenkt.

Erklärung zur Sehenswürdigkeit/ Stadt

Hier in Paris ist **der Eifelturm** eines von vielen Wahrzeichen. Er ist 330 m hoch und wurde 1889 eröffnet. Er hat drei Stockwerke. Der Fluss, der durch Paris fließt ist **die Seine**.

Tierwelt

Über der Stadt fliegen unter anderem Goldregenpfeifer. In der Seine schwimmen Tafel- und Tauchenten.

Innerhalb von 16 Jahren war ich häufig in England, besonders oft auch in London.

Erklärung zur Sehenswürdigkeit/ Stadt

Die **Tower Bridge** ist eine Brücke in London, die über die Themse führt. Der untere Teil ist für Autos und Fußgänger. Sie ist hochklappbar, wenn Schiffe etwas größer sind und die Brücke nicht unterqueren können.

Tierwelt

In der Themse leben Seehunde, auch Dornenhaie und Glatthaie tummeln sich hin und wieder am Grund der Flussmündung. Auch über der Tower Bridge sieht man Möwen, Graureiher und Wanderfalken fliegen.

Zwischen 1991- 2007 war ich ebenfalls oft in Wales.

Erklärung zur Sehenswürdigkeit/ Stadt

Cardiff Castle ist eine mittelalterliche Burg und ein neugotisches Herrenhaus im Stil der viktorianischen Architektur. Es ist ein echtes Burgenallerlei: Römerlager, normannische Festung und viktorianisches Märchenschloss. Wales hat eine Geschichte, die über 2000 Jahre zurückreicht.

Tierwelt

Im Wales leben Igel und Dachse, es sind 15 Fledermausarten bekannt.

Nach der Maueröffnung fuhren meine Mama, mein Freund und ich im Jahr 1992 mit einem Sonderzug nach Königsberg.

Erklärung zur Sehenswürdigkeit/ Stadt

Königsberg war die Hauptstadt der preußischen Provinz Ostpreußen. Königsberg gehört heute zu Russland. Die Stadt liegt auf beiden Ufern des Pegels im Samland. Sie ist umgeben von sieben Hügeln.

Tierwelt

Im Pegel schwimmen Schwäne. In der Luft kreisen nordische Gänse und sogar Flughörnchen sind dort heimisch.

Mein Freund und ich flogen 1994 nach Zypern.

Erklärung zur Sehenswürdigkeit/ Stadt

Zypern ist ein Staat im östlichen Mittelmeer. Er entstand am 16. August 1960 durch Unabhängigkeit der Kronkolonie Zypern vom Vereinigten Königreich. Hautstadt ist Nikosia. Sehenswert ist Chirokitia, eine archäologische Ausgrabungsstätte. Die Siedlung gehört zu der akoramischen Jungsteinzeit.

Tierwelt

Auf Zypern sind Wiesel und zypriotische Mäuse heimisch, sowie Rebhühner. Über den Ausgrabungen schweben Rotkehlchen und ein Steinkauz.

Wir, mein Freund und ich, nahmen 1995 an einer Griechenland-Rundreise teil.

Erklärung zur Sehenswürdigkeit/ Stadt

Die **Akropolis** bezeichnet den antiken Burg-Berg oder die Wehranlage, die auf der höchsten Erhebung nahe der Stadt Athen erbaut wurde.

Tierwelt

Griechenland ist dafür bekannt, viele Esel zu haben. Nur 65 km südwestlich der Hauptstadt sind Esel auch heute noch das einzige Transportmittel. Autos sind dort nicht erlaubt. Dort gibt es 1200 Esel und Maultiere. Esel sind ein griechisches Wahrzeichen.

Über Athen fliegt die Vogelart Rohrweihe.

Im Jahr 1996 flogen mein Freund und ich nach Malta. Wir machten Ausflüge zu den Nachbarinseln Gozo und Sizilien.

Erklärung zur Sehenswürdigkeit/ Stadt

Valetta ist Maltas Hauptstadt und unter anderem steht hier die barocke St. Johns Co- Cathedral. Es gibt viele Museen, Paläste und jede Menge Nachtleben.

Tierwelt

Auf Malta lebt die Maltaspitzmaus und es gibt auf der Insel viele Geckos. Im Meer schwimmen Stachelmakrele und Papageienfische, sowie viele weitere Fischarten. Nationalvogel ist die Blaumerle.

Als ich im Jahr 1996 auf Malta war, machten wir einen Tagesausflug mit dem Katamaran nach Sizilien.

Erklärung zur Sehenswürdigkeit/ Stadt

Sizilien ist die größte Insel im Mittelmeer und liegt direkt vor dem „Zeh" des italienischen Stiefels. Fruchtbarer Lavaboden liegt unterhalb des Ätnas. Durch den fruchtbaren Boden wachsen die Obstbäume besonders gut, vor allem die Zitronenhaine. Der Ätna ist Europas größter Vulkan und Siziliens Wahrzeichen.

Tierwelt

Auf Sizilien sind Gänsegeier heimisch.

Im Jahre 1998 fuhren mein Bruder, mein Freund und ich mit dem Camper über Schweden nach Finnland zum Nordkap.

Erklärung zur Sehenswürdigkeit/ Stadt

Finnland, mit der Hauptstadt Helsinki, hat 5,5 Millionen Einwohner auf einer Fläche fast so groß wie Deutschland. Im Westen und Süden grenzt Finnland an die Ostsee. Finnland ist das Land der tausend Seen. Das moor- und waldreiche Gebiet ist mit seinen 42.200 Seen die **größte Seenplatte Europas.**

Tierwelt

Die Saimaa- Ringelrobbe kommt weltweit nur im Saimaa- Seengebiet vor und ist das Symboltier des Naturschutzes in Finnland. Zur Vogelwelt gehören über 430 Arten, unter anderem die graue Eule. Als finnischer Nationalvogel gilt wegen seiner Rolle in der finnischen Mythologie der Singschwan.

Nord Kapp
Rovaniemi
Oulu
Trondheim
Schweden
Finn-
land
Norwegen
Bergen
Oslo
Helsinki
Turku
Stockholm
Malmö
Trelleborg
Rügen

Mein Bruder, mein Freund und ich mieteten 1998 einen Camper über den ADAC.

Wir fuhren mit dem Camper auf die Insel Rügen, setzten mit der Fähre über nach Schweden, Trelleborg und fuhren weiter nach Stockholm. Von dort aus setzten wir mit der Fähre über nach Finnland und fuhren bis zum Nordkap in Norwegen. Dabei überquerten wir den Polarkreis. Über Norwegen fuhren wir dann zurück (5000km in zehn Tagen).

Erklärung zur Sehenswürdigkeit/Stadt

Das Nordkap ist ein ins Nordpolarmeer hineinragendes Kap an der Nordseite der norwegischen Insel Magroya. Das Nordkap ist seit 1999 der nördlichste vom Festland aus auf dem Straßenweg erreichbare Punkt Europas und mit seinem Wahrzeichen, dem Globus, ein bedeutendes touristisches Reiseziel.

Im Jahr 1999 fuhren mein Mann, meine Freundin und ich über Wales und England nach Schottland. Dort besuchten wir die Isle of Skye, Edinburgh, Glasgow und waren am Loch Ness.

Erklärung zur Sehenswürdigkeit/ Stadt

Loch Ness ist der östlichste und größte der drei langgestreckten Süßwasserseen im Great Glen, welches die schottischen Highlands von der Schottischen See bis zur Nordsee durchschneidet. Es ist der zweitgrößte See Schottlands. Seit Jahrhunderten wird immer wieder von Sichtungen eines Seeungeheuers im See berichtet, dass Nessie genannt wird.

Tierwelt

Falter fliegen über dem See, am Ufer nisten Kreuzschnäbel. Auch ein Baummarder ist hier zu Hause.

Im Jahr 1999 flogen mein Mann und ich nach
Gran Canaria, Kanarische Inseln.

Erklärung zur Sehenswürdigkeit/ Stadt

Gran Canaria ist eine der spanischen
Inseln vor der Nordwestküste von Afrika.
Die Insel ist bekannt für die schwarze Lava,
weiße Sandstrände und Dünen.

Tierwelt

Auf Gran Canaria leben Eidechsen.
Heimisch sind der wilde Kanarienvogel
und der Kanarische Beutehund.

Im Jahr 2001 flog ich mit meiner Mama nach Andalusien, wo wir eine Bus-Rundreise machten.

Erklärung zur Sehenswürdigkeit/ Stadt

Die **Alhambra** in Spanien, Andalusien, ist eine Stadtburg in Granada. Der Name Alhambra stammt aus dem Arabischen und bedeutet „die Rote". Sie wurde auf dem Sabikah- Hügel erbaut.

Tierwelt

In den andalusischen Naturparks sind eine Menge unterschiedlicher Tierarten heimisch, unter anderem Mufflons und das graue, halbwilde iberische Schwein. 125 Vogelarten leben hier, wie zum Beispiel die Grasmücke und Lerchen.

Mein Mann und ich fuhren 2001 mit meinen Eltern nach Passau. Dort begann unsere gemeinsame Radreise von Passau nach Wien. In Wien besuchten wir den Prater, den dortigen Freizeitpark und fuhren Riesenrad.

Erklärung zur Sehenswürdigkeit/ Stadt

Wien ist die Hauptstadt Österreichs und liegt im Osten des Landes an der Donau. In Wien leben 3 Millionen Einwohner.

Tierwelt

Hier sind vier Wildtaubenarten heimisch: die Hohltaube, die Ringeltaube, die Turteltaube und die Türkentaube. Im Park fühlen sich Füchse und Hasen wohl.

Im Jahr 2002 radelten mein Mann und ich von Wien über Bratislava nach Budapest an der Donau entlang.

Erklärung zur Sehenswürdigkeit/ Stadt

Bratislava ist die Hauptstadt der Slowakei. Die Stadt liegt an der Donau und grenzt an Österreich und Ungarn. Bratislava ist von Weingütern, sowie den kleinen Karpaten, einer Gebirgskette, umgeben.

Tierwelt

In der Donau schwimmen der Hundsfisch und der Beluga- Stör.

In den Lüften schweben ein Kormoran und majestätisch ein Steinadler.

Budapest war 2002 der Zielort der Radreise.

Erklärung zur Sehenswürdigkeit/ Stadt

Budapest liegt an der Donau, die an dieser Stelle das ungarische Mittelgebirge verlässt und in das ungarische Tiefland fließt. Budapest ist die Hauptstadt und zugleich größte Stadt Ungarns. Sie hat 1,7 Millionen Einwohner. Die Stadt ist zusammengelegt aus Buda und Obuda westlich der Donau und Pest östlich der Donau. Das Burgviertel gehört zum UNESCO- Welterbe. Das Parlamentsgebäude und die Stephans – Basilika stehen in Pest. Bekannt sind die Thermalquellen. Wahrzeichen der Stadt ist die Kettenbrücke.

Tierwelt

In der Donau schwimmen Graugänse. Auch Biber und Fischottern sind hier ansässig. Über dem Fluss kreist ein Seeadler.

Im Jahr 2002 flog ich mit meinen Freunden und meinem Mann nach Kreta. Zu dem Zeitpunkt war ich im 4. Monat schwanger.

Erklärung zur Sehenswürdigkeit/ Stadt

Kreta ist die größte griechische Insel. Wir besuchten Knossos, ein antiker Ort im mittleren Teil der Nordküste von Kreta. Knossos war besonders groß, reich und prächtig und war Sitz der Minoer, einer heimischen Volksgruppe.

Tierwelt

Heimische Tierarten sind unter anderem Hermeline, Schildkröten und Eidechsen. Heimische Vogelarten sind Reiher und Kormorane.

Wir, mein Mann, mein Sohn und ich, flogen im Jahr 2005 nach Korfu. Das war die erste Flugreise meines Sohnes.

Erklärung zur Sehenswürdigkeit/ Stadt

Korfu, die Insel vor der griechischen Nordwestküste im Ionischen Meer, ist durch seine zerklüfteten Berge und eine Küste mit zahlreichen Urlaubsorten geprägt.

Tierwelt

Heimisch sind dort Delfine, Schwarzspitzenhaie und Robben. Vogelarten Korfus sind unter anderem der Alpensegler und der Alpenstrandläufer.

Im Jahr 2008 flogen mein Freund, mein Sohn und ich nach Mallorca. Das war für mich das zweite Mal.

Erklärung zur Sehenswürdigkeit/ Stadt

Wir machten Ausflüge, unter anderem zum Cap Formentor. Cap de Formentor ist das östlichste Ende der Halbinsel Formentor und gleichzeitig der nördlichste Punkt der Baleareninsel.

Tierwelt

Hier sind Wiesel, Baum- und Steinmarder heimisch. Die Blaumerle und die Felsentaube sind ortstypische Vogelarten.

Im Jahr 2011 flogen mein Sohn und ich nach
Rom, um uns das Fußballstadion Lazio Rom
anzusehen.

Erklärung zur Sehenswürdigkeit/ Stadt

In Rom steht das **Colosseum**, erbaut durch
die Römer. Im ersten Jahrhundert vor
Christus ging man dazu über,
Wildschweine zu züchten; sie bildeten den
Hauptgang zum Abendessen der Römer.
Ein richtiges Festmahl bestand aus Brot,
Linsen, Gurke, Salat, Oliven, Pilzen, Eiern
und Zwiebeln, dazu Wurst, Gans, Hase
oder Schwein.

Tierwelt

Seit Jahren hat Rom Probleme mit
Wildschweinen aufgrund seiner Müllberge. Rom
liegt nur rund 30km vom Meer entfernt, daher
gibt es hier viele Möwen. Der Wolf galt als Tier
des Gottes Mars und wurde in Rom verehrt.

Im Jahr 2011, als mein Sohn und ich in Rom waren, besuchten wir auch die Vatikanstadt.

Erklärung zur Sehenswürdigkeit/ Stadt

Vatikanstadt ist ein in der italienischen Hauptstadt Rom gelegener Stadtstaat, der Sitz des Papstes und Zentrum der römisch-katholischen Kirche.

Tierwelt

Obwohl Tiere grundsätzlich verboten sind, leben dort unter anderem Fledermäuse, Eichhörnchen und Hamster.

Nachdem mein Bruder im Dezember 2011 in die Schweiz gezogen war, fahren wir jährlich mindestens einmal dorthin.

Erklärung zur Sehenswürdigkeit/ Stadt

Der **Glacier Express** in der Schweiz fährt innerhalb von 8 Stunden von St. Moritz nach Zermatt über 291 Brücken und durch 91 Tunnel.

Tierwelt

Der Zug fährt dort an der Bergwelt vorbei, an Steinböcken, Gamsen, Murmeltieren und an Braunvieh. Über ihm schwebt majestätisch der Steinadler. Nationaltier der Schweiz ist der Bernhardiner.

Nachdem wir, mein Sohn, mein Bruder und ich, die Zugfahrt mit dem Glacier Express beendet hatten, machten wir einen kurzen Halt in Liechtenstein.

Erklärung zur Sehenswürdigkeit/ Stadt

Das Fürstentum ist ein Binnenstaat im Alpenraum Mitteleuropas und ist der sechstkleinste Staat der Erde.

Tierwelt

Unter anderem ist hier das Alpenschneehuhn zu Hause. Über den Alpen fliegen Steinadler und Turmfalken. In Liechtenstein nisten 140 Brutvogelarten.

Mein Sohn äußerte in seiner Kindheit und Jugend den Wunsch alle Länder rund um Deutschland besucht zu haben. Daher flogen wir 2016 nach Kopenhagen.

Erklärung zur Sehenswürdigkeit/ Stadt

Die kleine Meerjungfrau in Kopenhagen ist eine Skulptur über ein Märchen, in dem die Meerjungfrau alles opfert, um mit dem jungen und schönen Prinzen an Land vereint zu sein. In der Figur sieht man den Ausdruck der Suche nach sich selbst, die über die Elemente des Wassers, der Erde und der Luft, ins Jenseits erfolgt.

Tierwelt

Im Hafenbecken schwimmen Enten, Schwäne und Watvögel; über dem Hafen fliegen Sperlingsvögel.

Im Jahr 2016, als ich mit meinem Sohn nach Kopenhagen flog, machten wir einen Tagesausflug mit dem Mietwagen über die Öresund-Brücke nach Schweden.

Erklärung zur Sehenswürdigkeit/ Stadt

In Schweden schauten wir uns die **Ales- Stenar- Steinanhäufung von Ale** an. Sie hat eine Länge von 67 und eine Breite von 19 Metern. Sie ist eine der größten erhaltenen Schiffssetzungen und eine vielbesuchte Attraktion.

Tierwelt

In Schweden gibt es viele Elche und Luchse. Über der Ostsee kreisen Fischadler.

.

Im Jahr 2016 flogen mein Sohn und ich mit unseren Freunden nach Lissabon, Portugal.

Erklärung zur Sehenswürdigkeit/ Stadt

Die **Festungsanlage mit Burgruine** in Lissabon wurde 1755 beim großen Erdbeben zerstört und anschließend wieder restauriert und aufgebaut.

Tierwelt

Im Tajo- Fluss, der in den Atlantik mündet, tummeln sich die Fischarten Wolfsbarsch, Sardine und Goldbrasse. Auch ein Otter schaut aus dem Fluss heraus. Über der Stadt fliegen Sturmschwalben und Korallenmöwen.

Ich war oft bei meiner Freundin in Holland, die dort lebt. Im Jahr 2017 fuhr ich mit meinem Sohn auf Besuch zu ihr. Wir machten einen Ausflug an die Ostsee.

Erklärung zur Sehenswürdigkeit/ Stadt

Scheveningen, bei Den Haag hat sich von einem kleinen Fischerdorf zum größten Seebad der Niederlande entwickelt.

Tierwelt

Am Strand findet man viele Muscheln. Seemöwen fliegen über dem Seebad und gehen auf dem Sandstand spazieren. Über dem Ort fliegen Vogelarten, wie der Strandpieper.

Im Jahr 2017 waren mein Sohn und ich in Begleitung unserer Freunde in Antwerpen, Belgien.

Erklärung zur Sehenswürdigkeit/ Stadt

Antwerpen ist eine belgische Hafenstadt an der Schelde, deren Geschichte bis ins Mittelalter zurück reicht. Im zentral gelegenen jahrhundertealten **Diamantenviertel** haben sich Tausende Diamantenhändler angesiedelt.

Tierwelt

Über der Stadt fliegen unter anderem Möwen und Eisvögel. Eichhörnchen fühlen sich dort ebenfalls sehr wohl.

Im Jahr 2017, als mein Sohn und ich mit meinem Papa die Radreise an der Mosel machten, legten wir einen Tag Pause ein, um eine Eisenbahnfahrt nach Luxemburg zu unternehmen. Wir hatten einen Tagesausflug nach Luxemburg- Stadt gebucht.

Erklärung zur Sehenswürdigkeit/ Stadt

Luxemburg ist ein kleines europäisches Land, das an Belgien, Frankreich und Deutschland grenzt. Das Land hat 672.000 Einwohner und ist ein Großherzogtum.

Tierwelt

Heimisch sind Wintergoldhähnchen, auch Hasen sind hier ortsansässig.

Im Jahr 2022 flog ich zusammen mit Micha nach Island. Dort fuhren wir mit dem Mietwagen einmal um die Insel herum.

Erklärung zur Sehenswürdigkeit/ Stadt

Der **große Geysir** auf Island erreicht bei seinen Ausbrüchen eine Höhe von 110m und ist eine bekannte Touristenattraktion. Ein Geysir entsteht durch die Erhitzung des Grundwassers durch Magma. Wasser und Dampf schießen unter Druck aus der Erde empor.

Tierwelt

In Island leben viele Schafe. Auch Papageientaucher haben hier ihre Reviere. Über der Insel fliegen Eismöwen, Regenbrachvögel und Eissturmvögel.

Nach Polen fuhren mein Papa, mein Lebensgefährte und ich zum ersten Male 2023, zunächst in die Masuren, dann 2024 nach Danzig.

Erklärung zur Sehenswürdigkeit/ Stadt

Die Stadt Danzig in Polen liegt am südlichen Ende der Danziger Bucht, am Auslauf des Flusses Mottlau und westlich der Weichselmündung in einer erhöhten Landschaft. Das **Krantor** ist ein Stadttor aus Backstein und besteht aus Holz, mit einer doppelten Kranfunktion.

Tierwelt

Polen ist bekannt für seine Storchenvielfalt. In der Mottlau schwimmen unter anderem Enten.

Schluss

Sabine Jones ist 50 Jahre alt und arbeitet als Krankenschwester. In ihrer Freizeit malt und reist sie gerne.

Dieses Buch entstand aus der Idee, über die erlebten Europa Reisen zu schreiben und zu illustrieren.

© 2025 Sabine Jones
Verlag: BoD · Books on Demand GmbH, Überseering 33, 22297 Hamburg, bod@bod.de
Druck: Libri Plureos GmbH, Friedensallee 273, 22763 Hamburg
ISBN: 978-3-8192-4472-8